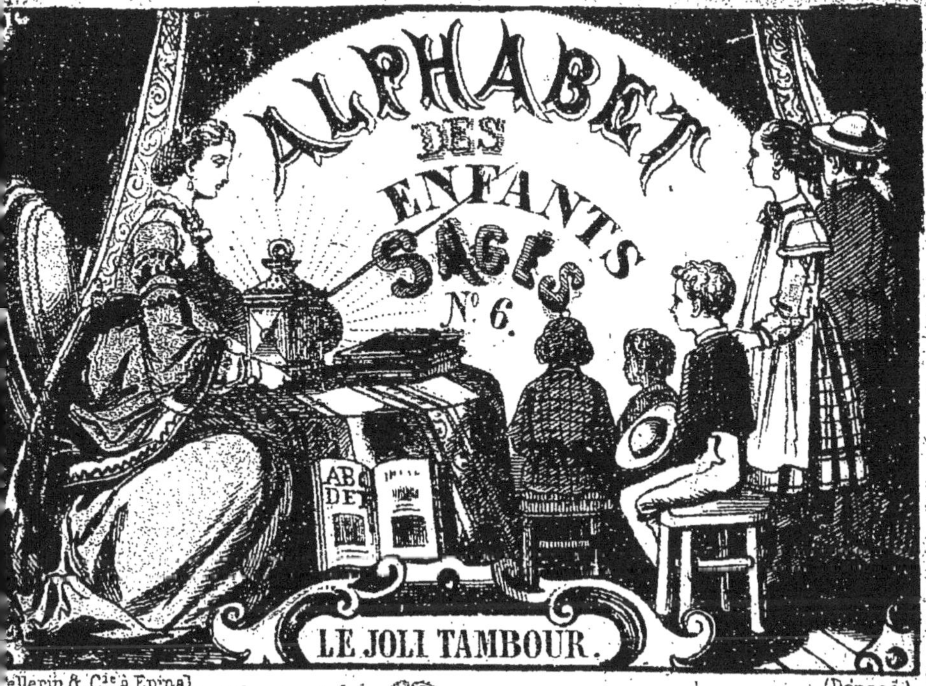

ellerin & Cie à Epinal. (Déposé.)

ALPHABET.

A B C D E F G H I
J K L M N O P Q R
S T U V X Y Z.
1 2 3 4 5 6 7 8 9 0.

ba	be	bi	bo	bu	ma	me	mi	mo	mu
ca	ce	ci	co	cu	na	ne	ni	no	nu
da	de	di	do	du	pa	pe	pi	po	pu
fa	fe	fi	fo	fu	ra	re	ri	ro	ru
ga	ge	gi	go	gu	sa	se	si	so	su
ha	he	hi	ho	hu	ta	te	ti	to	tu
ja	je	ji	jo	ju	va	ve	vi	vo	vu
ka	ke	ki	ko	ku	xa	xe	xi	xo	xu
la	le	li	lo	lu	za	ze	zi	zo	zu

LA BREBIS.

Voyez cette bonne brebis, comme ELLE SE LAISSE TRAIRE.

Le Bélier, la Brebis et le petit Agneau sont des animaux très-doux.

LA LECTURE.

Voilà le petit Charles qui apprend ses LETTRES. —

A B C D E F G

C'est très-bien, dit sa maman. —
Puisqu'il a bien appris il aura du bonbon.

LA GOURMANDISE.

Fi, la vilaine **PETITE GOURMANDE** — elle trempe son doigt dans la confiture. La gour-man-di-se est un **HORRIBLE DÉFAUT.**

LE PERROQUET.
As-tu déjeuné JACQUOT?
Tiens, voilà une cerise.
LA BONTÉ de Dieu est infinie.

LE CHEVAL.

JEAN-PIERRE de retour de **LA CHARRUE** FAIT boire son cheval

Le cheval est un animal très **UTILE A L'HOMME.**

Joli tambour revenant de la guerre,
Ran ran pa ta plan
Revenant de la guerre.

La fille du roi était par sa fenêtre,
Ran ran pa ta plan
Était par sa fenêtre.

Fille du roi, veux-tu être ma femme ?
Ran ran pa ta plan
Veux-tu être ma femme ?

Joli tambour, demande-le à mon père,
Ran ran pa ta plan
Demande-le à mon père.

Sire le roi, veux-tu me donner ta fille ?
   Ran ran pa ta plan
  Veux-tu me donner ta fille?

Joli tambour, qu'as-tu en mariage ?
   Ran ran pa ta plan
  Qu'as-tu en mariage?

Sire le roi, ma caisse et mes baguettes,
Ran ran pa ta plan
Ma caisse et mes baguettes.

Joli tambour, tu n'auras pas ma fille,
Ran ran pa ta plan
Tu n'auras pas ma fille.

J'ai bien aussi des châteaux par douzaine,
Ran ran pa ta plan
Des châteaux par douzaine.

Et sur la mer deux ou trois cents navires,
Ran ran pa ta plan
Deux ou trois cents navires.

J'ai des soldats de Paris jusqu'à Rome,
Ran ran pa ta plan
De Paris jusqu'à Rome.

De l'or en tas hauts comme des montagnes,
Ran ran pa ta plan
Hauts comme des montagnes.

Joli tambour, dis-moi quel est ton père ?
   Ran ran pa ta plan
  Dis-moi quel est ton père !

Sire le roi, c'est l'empereur Aug...
   Ran ran pa ta plan
  C'est l'empereur Au...

J'ai tambour, je te donne ma fille,
Ran ran pa ta plan
De donne ma fille.

Il est trop tard : tu peux garder ta fille.
Ran ran pa ta plan
Tu peux garder ta fille.

www.ingramcontent.com/pod-product-compliance
Lightning Source LLC
Chambersburg PA
CBHW060552050426
42451CB00011B/1877